Vincenzo Di Summa

Lacrime d'inchiostro su carta

Raccolta di pensieri, lettere e poesie

Lacrime d'inchiostro su carta
© 2018 – Vincenzo Di Summa

ISBN | 978-88-27837-82-5

Youcanprint Self-Publishing
Via Roma, 73 - 73039 Tricase (LE) - Italy
www.youcanprint.it
info@youcanprint.it
Facebook: facebook.com/youcanprint.it
Twitter: twitter.com/youcanprintit

Cercami in questo libro di poesie

Mi troverai tra le righe

Presentazione

Se pensate di dover leggere un libro di un "poeta" rimarrete delusi, si perché non sono un poeta e mai lo sarò non conosco la poetica la grammatica i sonetti e tutto quello che serve a scrivere poesie ma in fondo chi decide cosa si deve e cosa non si deve fare? Non siamo noi stessi i padroni della nostra vita? Infondo le regole sono fatte per essere infrante e io le ho infrante cosi tante volte da sentirmi schiavo della mia anarchia...

Non so nemmeno perché ho deciso di scrivere questo libro forse perché alcune cose che ho dentro devono essere lette o forse perché un libro ci può rendere immortali?

Non è questo quello che ha sempre cercato l'uomo? L'immortalità?

Forse non cerco l'immortalità, forse non so nemmeno io cosa sto cercando...

CONTO

Pensi di essere libero ma il peso dei tuoi peccati ti soffoca dentro le mura della tua mente, come una gabbia che si stringe giorno dopo giorno, non sarai mai libero finchè un giorno l'inferno non verrà a chiederti il conto...

*Un uomo per amore rinnegherebbe il suo Dio,
una donna per amore non rinnegherebbe se
stessa?*

LACRIME D'INCHIOSTRO SU CARTA

Lacrime d'inchiostro su carta sparsa come
coriandoli sul pavimento

Pezzi di me scritti su fogli volanti

Poesie mai scritte che non vogliono uscire

Vengono fuori solo lacrime d'inchiostro

E si poseranno su carta

Buttata al vento

Che nessuno leggerà

TRE BILANCE

Quando moriamo ci sono 3 bilance

Una pesa il cuore

Una l'anima

E l'altra?

L'altra pesa il dolore che ti sei portato addosso

Vorrei

Vorrei udire la tua dolce voce

rivedere i tuoi verdi occhi

accarezzare i tuoi lunghi capelli

toccare le tue dolci labbra con le mie.

ATTIMO

Fù un attimo

E il mio pensiero

Mi piombò nel buio

Allora capii

Che in me

Demoni e dannati

Erano una cosa sola.

NOTTI INVERNALI

Nelle fredde notti invernali

Vagavo tra bui sentieri

Baciato dal freddo del vento

Non mi restava che seguire le stelle

E una leggera pioggia

Cadde dal cielo

Tristi pensieri riemersero nel mio cuore

E come un dannato continuai a vagare.

L'INCHIOSTRO DEL MIO CUORE

Ti ho scritto una poesia
Con l'inchiostro del mio cuore,
il vento mio messaggero ti poterà
Ti ho scritto una poesia con la piuma di un
angelo caduto

Poiché il nostro amore non vada perduto

Ti ho scritto con l'inchiostro del mio cuore

Poiché amore fa rima con dolore

Ti ho scritto perché quando ti vedo divento
muto

E il mio amore per te l avessi saputo

PRINCIPE

Addio Principe

Ti sei portato un pezzo

Del mio cuore

Che mai riavrò

Ti promisi di non cercarti più

Ti promisi di dimenticarti

Ma quando si ama una persona da stare male

Le promesse vanno infrante?

Addio principe

Anche se un addio non è mai per sempre

Il tuo ricordo vive nel mio cuore

come una ferita cicatrizzata

Quando il tempo è buio

riemergono i dolori i ricordi di te

Luna

Luna

Che rispecchi nelle oscure acque del mare

sparisci il giorno

Per riapparire la notte sempre più bella

ciò che alla luce del sole non ha senso

con te diventa meraviglioso

ma quando le oscure nuvole ti coprono

la tristezza copre il mio cuore

quando di notte non risplendi nel cielo

la notte diventa più buia

e il mio cuore diventa più buio

ed io mi sento solo.

Voglio

voglio vivere dentro te
possederti come non ti ha mai
posseduto nessuno
farti
raggiungere l'orgasmo
nell'anima.
averti tra le mie braccia
fissare insieme a te il
buio

POSSO ESSERE

Posso essere vivo soltanto se sento il tuo respiro sulla mia pelle,

posso essere vivo quando mi abbracci e le lacrime dei tuoi occhi cadono sulla mia pelle,

posso essere vivo soltanto quando ci sei tu.

HO CONSERVATO

Ho conservato una lacrima del suo cuore
Per reprimere il mio dolore,
ho conservato una lacrima del suo viso
per poter andare in Paradiso,
ho conservato una lacrima del suo amore
per uccidere il demone,
demone di nome Depressione

29/01/2010

Il cielo senza stelle è come il mare senza onde,
io senza lei sono un uomo senza anima.

01/02/2010

Vorrei scriverti una poesia ma ho paura che un poeta ladro possa rubarmi le parole del mio cuore che ho scritto per te,

vorrei dirti cosa provo per te ma ho paura che un ladro mi rubi dalla bocca le parole del mio cuore.

Vorrei darti la mia anima come pegno del mio amore per te ma aimè il diavolo me l'ha rubata!

PAGLIACCIO

La gente ride per quello che faccio

Io non sono un pagliaccio

I pagliacci non piangono

Ridono

Se piangessero

Pagliacci non sarebbero

Io non sono un pagliaccio

Un poveraccio

In cerca d'amore

Che vive con dolore

ROSA MORTA

Una rosa anche da morta

Conserva la sua bellezza

Le spine che un tempo

Erano taglienti,

ora sono secche e decadenti.

Ha perso il colore

Rappresentava l'amore

Ora rappresenta dolore.

Le urla del mio cuore

Ascolto le urla venir dal mio cuore

Sono le urla di un demone

Urla dentro me

È prigioniero dentro me

È prigioniero nel mio cuore

Sulla spiaggia

Sono seduto sulla spiaggia

In riva al mare

Guardo il cielo

Guardo il mare

Non sono mai stati così grigi

Non sono mai stati così deserti

Ed il mio cuore è diventato grigio

È diventato un deserto

Senza di te

Sono un pesce senza mare

Un uccello senza cielo

Un uomo senza anima

Calano le tenebre

Il cielo è sempre più scuro

Il mare pure

Il mio cuore si oscura

Più del mare

BRUCIA

Brucia tutto

Brucia tutto ed io sono solo,

solo senza lei

brucia il mio passato

brucia il mio ricordo di lei

brucia la mia vita

e lei non c'è

brucia tutto

il mio corpo e la mia anima bruciano come
una torcia

lei non c'è,

le mie ceneri si spargono nel vento come foglie
d'autunno

che volano via dagli alberi per andare chi sa
dove?

Ogni volta che la Luna si tingerà come il sangue,

io ti verrò a cercare.

FUORI DALLA FINESTRA
PIOVE

Guardo fuori dalla finestra,

penso di fuggire,

ma non immagino mai dove andrei a finire

Piove

E i sogni svaniscono

Come una nave che affonda nell'oceano.

Dolce novembre

Novembre dolce novembre

Il primo bacio te lo diedi a novembre

Le tue labbra erano cosi dolci

Che facevano ribollire le mie membra

Novembre dolce novembre

Il tuo profumo sulla mia pelle

Mi faceva andare alle stelle

Novembre dolce novembre

Ti promisi che ti avrei sposata

Ma tu sei scappata

Novembre dolce novembre

Mi lasciasti con un buco nel cuore

Io piansi con tanto dolore

Novembre maledetto e dolcissimo novembre

SFUMATURE

Quando scende la sera

Perdo tutti i colori

Rimangono in me

Solo sfumature grigie

GHIACCIO

La morte è l'unica cosa certa
E noi non possiamo farci nulla
E tu non puoi dirmi nulla
Ogni notte io ghiaccio
Tra le mie fredde lenzuola ti cerco
urlo il tuo nome
Ogni notte io ghiaccio
gli incubi sono sempre gli stessi
e ti perdo tra i miei sogni
ogni notte io ghiaccio

DONNA

Sei la canzone che non ho mai scritto

il suono del mio cuore

tutto quello che non riesco a pensare

fosse così semplice

Ogni volta che mi perdo nei tuoi occhi

Io mi perdo nei miei pensieri

Innamorandomi di te

Ma so di non meritarti

E rovino tutto!

questa è la mia agonia

La mia dannazione

CAOS

ho la guerra in testa

il cuore in pezzi

Nella mie mente c'è una gabbia di matti che
urlano

un suono assordante

che mi soffoca l'anima!

Cosa è questo caos dentro me?

Qual è il tuo nome?

Vedo oscure ombre prendere forma

Dei fantasmi che escono dentro me

Il passato mi tormenta

Il futuro mi spaventa

Urlano nella mia testa

Come matti in festa

Qual è il tuo nome?

Qual è il tuo nome?

Urlo

Non sento la mia voce

Urlo silenziosamente

Come un cappio al collo che si stringe lentamente

La mia voce non si sente

Qual è il tuo nome?

Qual è il tuo nome?

Soffoco nelle mie urla

Qualcuno di me si burla

Ride continuamente

Striscia tra le ombre come un serpente

Qual è il tuo nome?

Qual è il tuo nome?

Anima morta

Disegnami come un quadro di Van Ghog

Colorami di rosso come i papaveri

E brucia tutto

In fondo sono un anima morta

Rumore Bianco

Udii uno sparo
Come un lampo a ciel sereno
E mi trovai in una pozza di sangue
Di li a poco
Non sentivo più
Il rumore bianco del mio cuore

Quando il tuo cuore sanguinerà di malinconia
Ricorda che nessun amore andrà perduto

INNO ALLA VITA

Soli si nasce,

soli si muore,

non resta che vivere questa vita con dolore.

Ogni ora che passa,

ogni anno che vola,

e come avere una lama più vicino alla gola.

Vivi la tua vita,

prima che sia finita,

non lasciare che altri la vivano al tuo posto.

Non farti soffocare dal rimorso,

non farti divorare dal passato,

pensa alle persone che hai odiato,

pensa a chi ti ha amato,

e forse saprai perché sei nato.

Non si nasce per odiare,

ma neanche per amare.

se tutto questo ha un senso?

niente ha senso.
La realtà e cattiva,
la bugia è positiva
Questa è la vita,
se l'hai capita
o no,non conta
l'importante è che tu la viva
prima che sia finita.

INSONNIA

Le notti che non dormo

Ti penso mio morbo

Sei cosi pura

E questo mi fa paura

Cosa mi resta?

Frasi sparse nella mia testa

Come un puzzle d'infiniti pezzi

Senza mezzi

Cerco di dar vita alle parole

Ma nella mia testa ho un terribile dolore

Cerco di trovare la rima giusta

Mi sforzo cosi tanto che il dolore mi pare colpi
di frusta

Penso cosi tante volte

Che non so cosa scrivere

E mi domando

Cosa mi resta?

ASCOLTO

Mi parve di udire in lontananza
Il canto di un angelo,
ma in realtà
era il lamento di un demone
improvvisamente il sogno che vivevo
divenne un incubo tremendo

PENSIERI NOTTURNI

Il mio pensiero
È un abisso oscuro
Il mio cuore
Circondato da un enorme muro
Non so chi sono
Non voglio capire
Voglio solo dormire

BUONA NOTTE

Ti dirò buona notte
Quando ti addormenterai
Tutte le stelle del cielo
Illumineranno i tuoi sogni
Non avrai paura del buio
E ti verrò a trovare tra i tuoi sogni

FALENE

Falene che volano di notte
Angeli in cerca di sogni
Demoni in cerca d'incubi

UCCELLI NOTTURNI

Bianchi uccelli notturni
Volano tra casolari abbandonati
E noi osserviamo questi storni
Come innamorati
Abbandonati
Dal desiderio di volare
Ma dentro noi vogliamo solo amare

PARADISO PERDUTO

*La cercavo ai confini del mondo credendo che
lei fosse il mio Paradiso,mi accorsi che più mi
avvicinavo a lei più mi allontanavo dal
Paradiso*

*Smarrita la strada del Paradiso poiché lei era
una folle illusione mi trovai a vagare
all'Inferno,non mi restava che fare dell'Inferno
il mio Paradiso.*

PENSIERI

Non posso rinnegare quello che provo per voi,cosi come il lupo non può non mangiare l'agnello altrimenti perirebbe

E pur certo che perirei anche io senza dirvi quello che provo…

Cosi come i vostri verdi occhi non sarebbero lo specchio della vostra anima?

Rimerebbero di certo il mio pensiero che mi mantiene insonne ogni notte…

LACRIME AMARE

Nei miei pensieri

Ho posato le mie labbra sulle tue

Ma nella realtà

Ho versato

Lacrime amare....

regalami un incubo e ti darò un sogno….

lettere mai spedite

introduzione

ho pensato e ripensato mille e più volte a come scrivere questa introduzione e ogni volta che la rileggevo c'erano mille errori,qualcosa che non andava era come essere imprigionato nel labirinto della perfezione.

Poi ho pensato all'caos,si il caos la confusione che vive in me ogni volta che devo fare qualcosa d'importante,mi sono detto al diavolo le regole e tutte quelle stronzate sull'introduzione in fondo io le odio le introduzioni!

Cosi eccomi qua a raccogliere tutte le mie lettere che non ho mai spedito forse per paura di essere deriso o forse mi piaceva *pensare in un finale diverso e Lei rimaneva pura nei miei pensieri...*

Buona lettura

Alla sconosciuta dagli occhi verdi,

forse un giorno

saprai di me

Cara ragazza dagli occhi verdi,mi scuso con te se il tuo cuore è impegnato,ma se non lo è sappi che da quando il mio sguardo si è posato sui tuoi occhi non vi è stato un giorno che non abbia smesso di pensarti…

Ho pensato mille e più volte come avvicinarmi a te, ma ogni volta che mi avvicino faccio dieci passi dietro…

La paura che tu mi respinga o peggio che mi trovi ripugnante mi uccide,questo pensiero mi blocca ogni volta che cerco di avvicinarmi,quanto vorrei toccare le tue dolci labbra con le mie!

Si dice che con il pensiero si può andare ovunque in qualsiasi istante, allora io mi domando perché il mio pensiero và sempre verso te?

Sei come una calamita che mi attira ma quando mi avvicino sembra che mi respingi, perché provo questa sensazione?

Se il tuo cuore è una rosa piena di spine, sappi che a me non importa quanto siano pungenti darò sempre il massimo per averlo e ad ogni taglio ti stringerò sempre di più fino a quando dentro me non rimane una goccia di sangue poiché soffrirei come un dannato all'inferno pur di renderti il Paradiso

*Sei la luce dei miei pensieri che inganna il
buio del mio cuore e accechi il lume della
ragione*

*Quando i miei occhi si posarono sui tuoi
il mio cuore eiaculo amore e uno strano
orgasmo invase la mia anima*

Mia dolce lucente rosa, tutte le altre donne sono rose d'ombra, pezzi d'oscurità fatte per portarmi via da te, tenebra che sigilla la luce in una bara fatta di menzogna e invidia che corrompono il mio cuore per allontanarmi da te e farmi morie nella più buia delle solitudini.

Che cosa è l'amore?

Perché amo te?

So di certo cosa non è l'amore, non è qualcosa che si può quantificare che si può contare ne offerto per poi essere ritrattato a seconda di un bilancio dei difetti e dei meriti sull'altro, non è possedere una persona come fosse un oggetto chiuso in cassaforte, l'amore è vedere felice la persona che ami anche con un altro…

Io non confondo l'amore con l'egoismo perché prima dell'IO in amore c'è il NOI

E quello che provo per te non ha spiegazione….

Ogni volta che ti penso,mi ritrovo in un tribunale di ricordi ,immagino cose mai accadute,cose belle ma i ricordi sono come l'accusa che raggiunge il suo scopo il verdetto finale:la mia condanna!

Il rimorso di non essermi fatto amare da te e come un ergastolano penso di fuggire da te ma non saprei dove andarmene perché il mio pensiero torna sempre verso te!

Sei tu il fantasma che mi tormenta tutte le notti e vaghi nei miei sogni?

Ormai sei la mia ossessione, sto impazzendo perché questo amore platonico mi sta uccidendo?

Forse l'amore è solo un inganno che illude il tempo dei miei pensieri, pensieri perversi e puri allo stesso tempo...

Mia dolce ragazza dagli occhi verdi ho bisogno di parlarti anzi ho bisogno di bacarti....

Il mio amore per te è una poesia,una
dolce poesia mai letta,un eterna poesia che
attende d'essere letta.

Vorrei donarti l'eternità poiché la tua
bellezza è qualcosa di unico,i fiori
appassiscono e per ogni creatura vivente
arriva la mezzanotte,il freddo marmo si
sgretola le scogliere diventano sabbia e il
duro acciaio si arrugginisce, Il tempo è
un assassino che non guarda nessuno!

Lo stesso tempo si mieterà quando non ci
sarà più nulla da mietere,ed allora io ho
rinchiuso questa poesia nel cuore
dell'eternità in modo che il tuo ricordo
viva anche dopo la fine dei tempi.

*Nell'inverno della mia vita avrei voluto
lasciarti un seme nel tuo cuore ,quando
arriverà la primavere un fiore sboccerà
dentro te*

*Il tuo amore per me è stato un fiore
d'autunno sbocciato in ritardo poiché
l'inverno in me era alle mie porte,o
maledetto tempo se ne avessi avuto di più
saremmo stati degli splendidi fiori
invernali,rosse stelle di natale nel bianco
della neve*

Paradiso Ritrovato

Non riesco a trovare paragoni e mai ne troverò per descrivere la tua bellezza,mentirei a me stesso se ti paragonerei al Paradiso?

In fondo il Paradiso non è un qualcosa di bello? Qualcosa che ti fa stare bene?

L'amore che provo per te mi ha fatto ritrovare la strada che credevo smarrita

Ho ritrovato il mio Paradiso?

Omaggio

*Il racconto che segue è un omaggio del mio
amico Francesco Mascia estratto dal suo libro*

Gli Uomini Onda vite alla deriva

Edito della Scorpione editore

Capitolo 3
Partenza

Il lupo ormai si era allontanato, era finito su di una duna molto alta e molto più avanti a loro e da lì, li fissava, come se aspettasse che partissero.

Preso tutto, i ragazzi arrivarono di fronte al veliero.

«Wow!» esclamò esterrefatto Paolo. «Un veliero!» era la prima volta che ne vedeva uno, era bellissimo pensò, aveva sempre sognato di vederne uno dal vivo, entrarci e magari partire per davvero.

Non era grandissimo, ma era un veliero, di quelli veri, fatti di legno, albero maestro e vele pronte a essere spiegate e prendere il largo.

Era tutto stupendo, un sogno per Paolo, di lì a poco ci sarebbe salito e sarebbe partito per posti mai conosciuti.

«É stupendo vero Paolo?!» disse Luca; mettendo i pugni sui fianchi e guardando il suo veliero!

Decisero di lasciare il lupo lì dov'era e finalmente salirono a bordo.

Prepararono tutto per il viaggio, misero giù nella stiva le loro cose, e scelsero l'amaca su cui avrebbero dormito la notte. Paolo scelse quella rossa.

Indice

L'autore

Vincent Dhelpra

Pseudonimo di Vincenzo Di Summa

Nasca a Taranto in una fredda alba di Dicembre nella metà degli anni ottanta,si lega alla letteratura sin da subito scrivendo varie poesie per alcuni concorsi non vincendo mai nulla,pubblica 2 libri su internet sul sito Boorp,scaricabili gratuitamente in pdf.

Una sua poesia è stata pubblicata sul libro Gli Uomini Onda vite alla deriva

Edito della Scorpione editore di Francesco Mascia.

Le sue influenze principali sono Edgar Allan Poe,Joseph Conrad,Jhon Milton,William Shakespeare,Bram Stoker,e anche la cultura musicale degli anni novanta Grunge, Rock e metal in tutte le sue forme.

Questo libro raccoglie alcune delle sue poesie e lettere scritte dalla sua adolescenza fino ad oggi.